MÉTODODEGUITARRA COUNTRYDEDILHADA

Um guia completo do estilo Travis Picking, Guitarra Dedilhada e Solos na Guitarra Country

LEVICLAY

FUNDAMENTALCHANGES

Método de Guitarra Country Dedilhada

Um guia completo do estilo Travis Picking, Guitarra Dedilhada e Solos na Guitarra Country

Por Levi Clay

ISBN: 978-1-78933-105-9

Publicado por **www.fundamental-changes.com**

Copyright © 2019 Fundamental Changes Ltd.

Tradução: Daniel Bosi

O direito moral desse autor foi declarado.

www.fundamental-changes.com

Mais de 10.000 curtidas no Facebook: **FundamentalChangesInGuitar**

Instagram: **FundamentalChanges**

Para mais de 350 aulas gratuitas de guitarra com vídeos, acesse

www.fundamental-changes.com

Aviso legal:

Sumário

Introdução

Com suas raízes no ragtime, no blues e na pioneira família Carter, o *fingerstyle* e o uso da dedeira estão no sangue da música country.

De Robert Johnsen a Elizabeth Cotten, a guitarra *fingerstyle* sempre adicionou interesse na base de músicas para melodias vocais, combinando as vozes do baixo, acordes e melodia.

Nos anos 1930, o estilo foi aperfeiçoado e ficou famoso com Merle Travis. O uso de Travis de uma dedeira (ou palheta de dedão) para tocar padrões alternados de baixo enquanto tocava melodias com o dedo indicador se tornou tão onipresente que, quase um século depois, o estilo ainda é comumente chamado de "Travis Picking".

Chet Atkins refinou ainda mais a técnica, fazendo uma evolução natural do estilo e, devido ao seu enorme alcance como músico, produtor e executivo da indústria musical, tornou-se popular em todo o mundo.

Uma anedota que você ouvirá repetidamente dos guitarristas modernos do dedilhado é que muitos supuseram que a performance com várias camadas de Chet dependia de truques de gravação. Sua definição entre baixo e melodia era tão pronunciada que, sem informações sobre a gravação, você pode pensar que está ouvindo mais de uma guitarra.

Chet ainda é considerado um dos guitarristas mais influentes e inovadores do instrumento, no nível de músicos como Les Paul, Jimi Hendrix e Charlie Christian.

O próximo grande nome associado ao estilo é o "O Homem Selvagem do Alabama", Jerry Reed. O estilo de Reed nasceu da linhagem de Merle e Chet, mas foi entregue com talento e inovação.

Chet, Merle e Reed são as três "influências tácitas". Eles são os pilares do estilo, e você deve conhecer o trabalho deles por completo.

No entanto, a lista de pioneiros não termina aí. Com pioneiros como Buster B Jones, Tommy Emmanuel, Thom Bresh, Scotty Anderson, Doyle Dykes, Richard Smith, Brooks Robertson e Martin Tallstrom (só para citar alguns), o dedilhado ainda está vivo.

Obtenha o áudio

Os arquivos de áudio para este livro estão disponíveis para download gratuito no site **www.fundamental-changes.com**. O link está no canto superior direito da página. Basta selecionar o título deste livro no menu e seguir as instruções para obter o áudio.

Recomendamos que você baixe os arquivos diretamente no seu computador, não no seu tablet, e extraia-os no computador antes de adicioná-los à sua biblioteca de mídia. Você pode então colocá-los no seu tablet, iPod ou gravá-los em um CD. Na página de download há um PDF de ajuda e nós também oferecemos suporte técnico pelo formulário de contato.

Kindle / Leitores de e-books

Para obter o máximo deste livro, lembre-se que você pode **dar dois toques sobre qualquer imagem para ampliá-la**. Desative a visualização em coluna (vertical) e segure seu Kindle em modo paisagem.

Mais de 10.000 curtidas no Facebook: **FundamentalChangesInGuitar**

Instagram: **FundamentalChanges**

Para mais de 350 aulas de guitarra com vídeos acesse:

www.fundamental-changes.com

Acerte o Tom – Guitarras e Amplificadores

Quando se trata de country *fingerstyle*, há uma variedade surpreendentemente grande de tons de guitarra criados pelos grandes guitarristas. O som que você quer será influenciado pelos guitarristas que você gosta.

As guitarras mais icônicas do country são, sem dúvida, as da Gretsch de corpo oco que ficaram famosas com Chet Atkins. Seja a 6120 ou a Country Gentleman, essas guitarras têm um som único devido ao sistema de tremolo Bigsby e aos captadores Filter'Tron altamente sensíveis. Eles não são essenciais para o estilo, mas são responsáveis por grande parte da sonoridade icônica de Chet.

Merle Travis, o pai do estilo, tocou várias guitarras, incluindo até mesmo instrumentos de corpo sólido feitos para ele antes de Leo Fender lançar a Broadcaster. Em geral, Merle tocou vários violões e guitarras semiacústicas como a Gibson 400.

Jerry Reed encontrou sua voz na guitarra de estilo clássico e preferiu o tom das cordas de nylon. Seu violão mais icônico foi um Baldwin clássico elétrico de 1968, modificado e com *cutaway*. Embora ele ocasionalmente usasse uma Telecaster, a corda de nylon era sua marca registrada.

Quando a popularidade de Jerry cresceu, muitas empresas empreenderam no mercado de corda de nylon portátil, embora poucas tivessem a qualidade das guitarras Godin Multiac. Essas eram as favoritas de músicos como Buster B Jones e agora Doyle Dykes. Elas combinam o tom e a sensação da corda de nylon com a portabilidade e a facilidade de amplificação de uma guitarra elétrica.

Depois, há as acústicas de cordas de aço mais tradicionais, preferidas por Tommy Emmanuel (que tem uma guitarra assinada da Maton) e Marcel Dadi (que era frequentemente visto com uma Ovation).

Minhas escolhas pessoais (e que você ouvirá no acompanhamento das gravações) são o Godin Multiac, a corda de aço Sigma, a Gibson Howard Roberts e a Fender Telecaster. Eu prefiro o som e a sensação das cordas de nylon, mas aprecio a gama de opções tonais encontradas em muitos instrumentos diferentes.

Quando se trata de amplificação, algo limpo é a escolha óbvia. Chet usou um Standel de 25 watts fabricado em 1954 em incontáveis gravações e, ocasionalmente, uma seleção de amplificadores mais potentes, como um Fender Princeton modificado por Paul Rivera e o MusicMan RD-50.

Muitos dos grandes guitarristas usam apenas uma caixa de injeção direta (DI) para o sistema de PA. O objetivo é ouvir a guitarra em sua forma mais pura.

Pessoalmente, faço gravações diretamente no meu computador através de um RME Babyface Pro com efeitos fornecidos por vários plugins Toontrack. As coisas certamente foram muito longe desde as gravações com microfones de fita (*ribbon microphones*) da época de Chet (embora essa ainda seja uma ótima opção se você tiver alguns milhares de dólares para gastar).

Não se preocupe com o instrumento por enquanto. Volte sua mente para a técnica, acordes e vocabulário. No final deste livro, você terá uma ideia melhor do som que deseja criar.

Parte Um: Introdução Técnica

Nesta seção, você aprenderá o básico da guitarra country *fingerstyle*. Embora esse estilo não tenha surgido da academia, saiba que abordar o gênero de maneira metódica trará resultados mais rápidos.

Esta seção cobre:

- Introdução à dedeira

- Habilidades de dedilhado

- Acordes básicos

- Notas graves alternadas

- A técnica do pinçamento

- Melodias sincopadas

- Articulação melódica

- Acordes avançados

As habilidades abordadas aqui irão prepará-lo para tocar qualquer clássico no estilo Travis Picking. Embora seja possível pular qualquer uma dessas seções, cada uma delas foi cuidadosamente redigida para fortalecer os elementos fundamentais do estilo. Ao dar a cada conceito o tempo e o respeito que merece, enfrentaremos menos desafios ao abordar ideias mais complicadas mais tarde.

A lição fundamental aqui é de ritmo. Enquanto você cobrirá muitos acordes e padrões melódicos, aprender os seguintes ritmos precisos e melodias sincopadas fará com que as ideias mais avançadas na Parte Dois sejam mais fáceis. Mesmo o exercício mais simples deve ser praticado com um metrônomo até que você alcance um estado quase zen: reprodução completamente automática e no tempo.

Os estilos abordados neste livro são frequentemente usados por cantores. Assim que você sentir a parte da guitarra acertando o tempo, tente cantar uma melodia. O objetivo não é soar bem: é para garantir que o tempo esteja bem assimilado no seu polegar e nos seus dedos, para que a performance seja feita inconscientemente enquanto você se concentra em outra tarefa. Tente cantar e tocar. Eu prometo que você vai me agradecer mais tarde!

Capítulo Um: Dedeiras e Baixos Alternados

Não há como ignorar o fato de que quase todos os grandes guitarristas de country usaram uma dedeira (ou palheta de dedão). Embora seja possível tocar grande parte do vocabulário do country com o polegar (sem palheta) ou com palheta e dedos (palhetada híbrida), a dedeira cria um tom forte e definição para as notas graves. Também permite que você mantenha todos os seus dedos livres para tocar acordes e melodias.

Tocar com uma dedeira pode ser estranho no começo. Uma boa dedeira será apertada o suficiente para que não se mova ou escorregue, embora seja possível que o aperto da dedeira corte a circulação do polegar. Se este for o caso, colocar a palheta em água quente irá amolecer o material e permitir que ele se ajuste à forma do seu polegar.

Há muitas dedeiras no mercado, e diferentes guitarristas preferem estilos diferentes, embora as palhetas clássicas da Dunlop sejam uma escolha comum. Eu uso o modelo D'Addario, já que a ponta é um pouco mais redonda e eu gosto muito do Jim Kelly Bumblebee, que apresenta uma palheta no estilo Jazz III fixada ao encaixe do dedão. Ela pode ser inclinada de um lado para o outro e empurrada para trás e para frente para obter a quantidade ideal de palhetada nas cordas.

A melhor maneira de familiarizar-se com a dedeira é tocar alguns dos padrões básicos de baixos alternados, que são um marco da guitarra country.

Primeiro, aqui estão alguns exemplos usando acordes com uma tônica na quinta corda. Os diagramas destes acordes são mostrados abaixo.

Exemplo 1a:

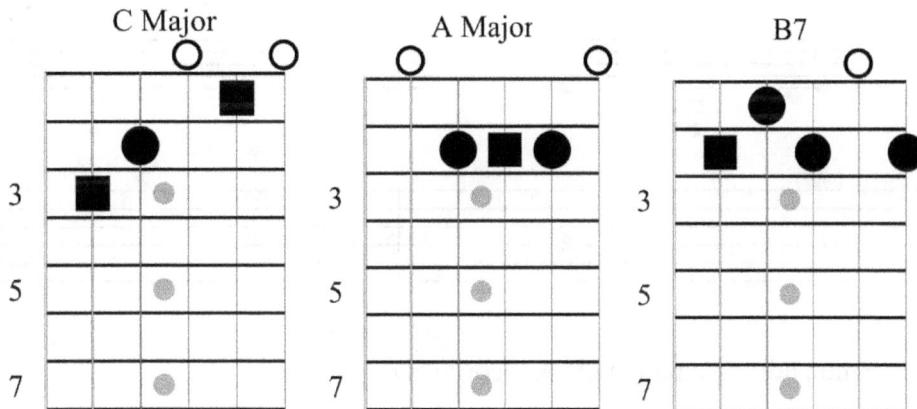

Ao tocar acordes com tônica na quinta corda, é normal usar um padrão de notas graves que toque a quinta corda, a quarta corda, a sexta corda e, finalmente, a quarta corda novamente.

Toque o exemplo seguinte sobre um acorde de C maior com cordas soltas. Os intervalos do acorde tocado nos baixos são a tônica, a terça, a quinta e a tônica novamente.

Exemplo 1b:

Quando você ouvir a gravação, note que eu aplico abafamento com a mão. Abafamento nem sempre é usado, mas certamente ajuda a adicionar alguma definição entre as notas graves e as melodias que você adicionará mais tarde. Para fazer o abafamento coloque o calcanhar da mão sobre as cordas, perto da ponte.

Mesmo que você apenas toque uma nota de cada vez, o acorde completo é mantido do início ao fim. A razão para isso ficará clara quando adicionarmos uma melodia dedilhada.

O próximo exemplo aplica o mesmo padrão de palhetada a um acorde A maior com cordas soltas. Você tocará intervalos diferentes do acorde, embora esteja usando o mesmo padrão de palhetada. Neste exemplo, você toca a tônica, quinta, quinta e depois a tônica novamente. Padrões de baixo não precisam ser uniformes; eles são baseados em tocar um ritmo consistente para levar a música adiante e criar uma base para a melodia repousar.

Exemplo 1c:

A seguir, aplique o mesmo padrão de palhetada ao acorde B7.

Exemplo 1d:

Aqui estão três voicings de acordes com as tônicas na corda E grave.

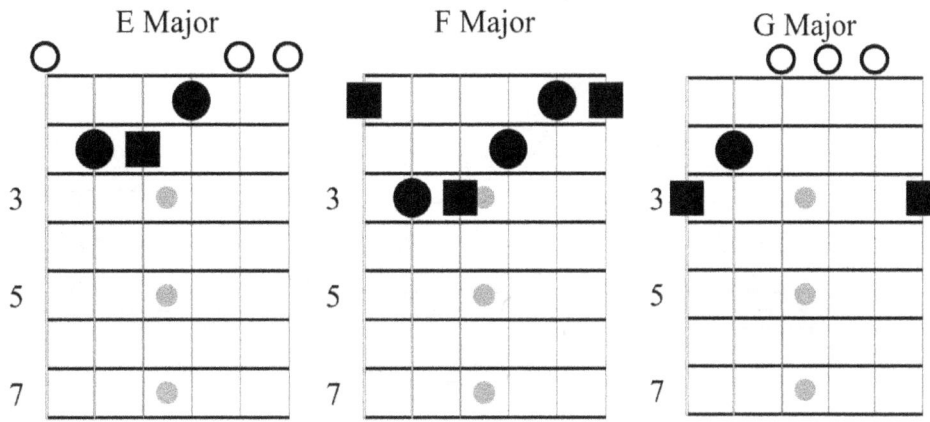

Voicings de acordes com a tônica na corda E grave exigem um novo padrão de palhetada. Os dois padrões mais comuns são:

Sexta, quarta, quinta, quarta, e

Sexta, quarta, sexta, quarta.

Aqui está o primeiro padrão em um acorde E com cordas soltas.

Exemplo 1e:

Aqui está o mesmo padrão em um acorde G maior com cordas soltas.

Exemplo 1f:

É comum alternar exclusivamente entre as cordas seis e quatro. Aqui está demonstrado no acorde de G maior. Lembre-se de manter o acorde completo durante todo o exercício.

Exemplo 1g:

É possível usar os dois padrões. O objetivo do polegar é induzir harmonia e criar um ritmo de condução, não necessariamente criar uma melodia consistente.

No próximo exemplo, aplico os dois padrões de palhetada a um acorde F maior com pestana.

Exemplo 1h:

Também é possível (embora menos comum) usar acordes com a tônica na corda D. Quando isso acontece, é comum tocar as cordas quatro, três, cinco e três.

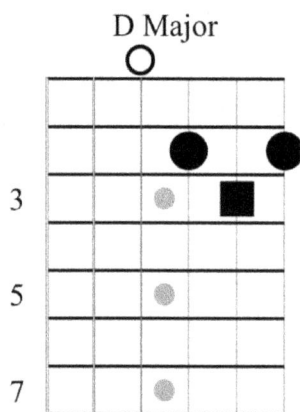

D Major

Exemplo 1i:

Voicings como esse geralmente são evitados, pois restringem as opções melódicas e criam uma linha de baixo aguda demais para ficar definida em relação à melodia.

Agora, aplique os padrões de palhetada anteriores em algumas progressões de acordes do country.

A primeira é uma progressão de acordes encontrada no clássico de Merle Travis, *Nine Pound Hammer* e consiste em nada mais que E maior, A maior e B7. O segredo aqui é não confundir os padrões de palhetada de cada acorde. Se você precisar, consulte os exercícios anteriores e invista mais tempo para cobrir o material de forma detalhada.

Exemplo 1j:

Aqui está um exemplo mais longo que funciona para a tradicional música de Elizabeth Cotten, *Freight Train*.

Cotten era canhota, mas tocava uma guitarra com afinação padrão, o que significa que ela tocava as partes do baixo alternadas com os dedos enquanto a melodia era tocada pelo polegar. Vale a pena procurar alguns vídeos dela no YouTube.

Exemplo 1k:

Aqui está uma linha inspirada na música de 1915, *Are You From Dixie?* Essa música se tornou um sucesso para Jerry Reed mais de 40 anos depois, em 1969. Como é uma peça mais longa, aprenda a melodia vocal da música para se familiarizar com os locais das mudanças dos acordes.

Exemplo 1l:

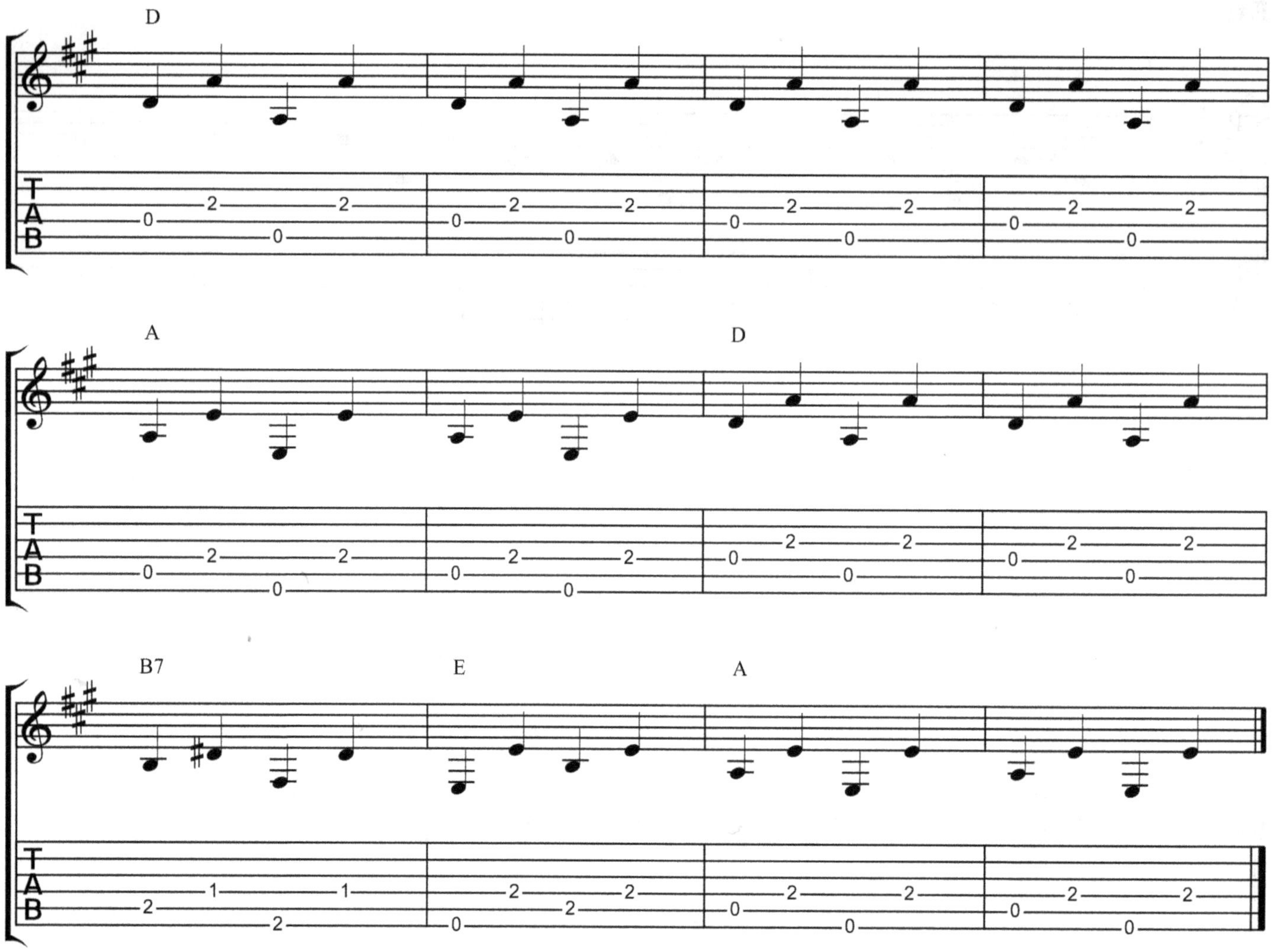
D
A
D
B7
E
A

Capítulo Dois: A Técnica do Pinçamento

Está quase na hora de adicionar melodias a seus padrões alternados de baixo, mas primeiro vamos explorar algumas convenções de notação para ajudá-lo a desenvolver rapidamente sua musicalidade e entender como a música country é escrita.

O exemplo a seguir mostra um vocabulário mais avançado do estilo Travis Picking. Sem aprendê-lo, dê uma olhada na notação rítmica.

Exemplo 2a:

Embora possa ser lido, certamente não facilita sua vida nem apresenta a música no espírito com o qual ela é tocada. Travis Picking consiste na interação entre duas vozes separadas: o baixo tocado com o polegar e a melodia tocada com os outros dedos.

Este próximo exemplo torna as partes do polegar e da melodia muito mais claras de se ver. As partes do polegar são notadas com hastes para baixo e a melodia é notada com hastes para cima. É uma pequena diferença, mas, conforme você começar a desenvolver sua técnica, verá que a visualização da notação como duas partes individuais ajudará você a aprender com mais rapidez.

Exemplo 2b:

Cada exercício deste livro é notado usando essa convenção para permitir que você divida algo que parece complicado em partes individuais que funcionam juntas.

O Pinçamento

A primeira técnica usada para tocar melodias é muitas vezes chamada de *pinçamento*, porque é tocada com um movimento de pinça quando a nota do baixo e a nota da melodia são tocadas simultaneamente.

Veja um exemplo dessa técnica reproduzida em um acorde C maior. Eu não incluí aqui nenhuma parte de baixo alternada; simplesmente uma nota grave C tocada com o polegar e um C agudo tocado com o dedo indicador. Mantenha o acorde C maior completo do início ao fim.

Exemplo 2c:

Enquanto os músicos que o seguiam usavam vários dedos para tocar as melodias, Merle Travis usava apenas o dedo indicador.

O exemplo a seguir é semelhante ao anterior, mas agora o dedo indicador se move para a corda adjacente para tocar uma nota diferente.

Exemplo 2d:

O próximo exemplo leva essa abordagem adiante com o dedo indicador se movendo entre três cordas.

Exemplo 2e:

Agora que você tem essa ideia básica de "pinça" assimilada, estude o exemplo a seguir. Ele possui um padrão alternado de baixo com uma melodia que é pinçada e mantida em todo o compasso.

Aplique um leve abafamento nos graves enquanto a melodia soa livremente por cima.

Exemplo 2f:

Embora a técnica de pinça tenha execução simples, isso não significa que você tenha que limitar os ritmos reproduzidos na linha da melodia.

O próximo exemplo combina o padrão alternado de baixo em C, com cordas soltas, com uma melodia que começa na batida dois. O acorde é mantido enquanto o polegar toca a primeira nota de baixo antes que a nota da melodia seja pinçada na batida dois. As batidas três e quatro continuam o padrão de baixos alternados enquanto a nota da melodia soa.

Um claro abafamento nas notas graves ajudará a separar as partes de baixo e melodia para o ouvinte, além de criar a ilusão de dois instrumentos tocando juntos.

Exemplo 2g:

Aqui está outro exercício que apresenta um padrão de baixo alternado e uma escala descendente e ascendente simples.

O objetivo de qualquer exercício como este é tornar a execução da linha de baixo automática. Não pense no baixo e na melodia como duas linhas separadas (apesar de ser exatamente isso). O polegar deve se movimentar automaticamente enquanto a atenção está focada na melodia.

Exemplo 2h:

Este próximo exemplo toma a ideia básica do exercício anterior, aplicada a um acorde de G maior.

Exemplo 2i:

Aqui está uma versão de uma sequência de acordes que você já viu antes. Como nos dois últimos exemplos, o pinçamento é executado nas batidas um e três.

Exemplo 2j:

O próximo exemplo foi inspirado no clássico do The Animals, *House of the Rising Sun*, e nesta forma despojada também evoca imagens dos Beatles.

Um novo acorde é introduzido no compasso três, um D/F#. Este é simplesmente o acorde D maior que você já conhece com a terça (F#) tocada no baixo. Enquanto isso é tocado principalmente para criar uma suave linha descendente de baixo (A – G – F# – F), há o benefício adicional de conter uma nota grave na corda E que dá um pouco mais de extensão do que uma tônica normal na quarta corda.

Exemplo 2k:

É possível criar ideias melódicas interessantes com o pinçamento, em batidas que não sejam a primeira ou a terceira. Aqui está outra melodia simples em uma progressão básica de acordes.

Exemplo 2l:

O próximo exemplo é uma versão despojada de *Nine Pound Hammer* do capítulo anterior. Os pinçamentos consecutivos podem ser um desafio no segundo compasso, mas tecnicamente não são novidade. Vá com calma e certifique-se de que a parte do baixo, tocada com o polegar, esteja completamente programada.

Exemplo 2m:

Finalmente, aqui está a música folk americana, *Camptown Races*, no tom G, usando a técnica do pinçamento para tocar a melodia contra o acompanhamento de acordes.

Exemplo 2n:

Melodias simples como essa formam os fundamentos iniciais da técnica Travis Picking, e o pinçamento é fundamental para o estilo country. Pratique até que você consiga acertar o tempo, porque não será fácil adicionar uma síncope básica se você não estiver confiante tocando melodias na batida.

Capítulo Três: Introduzindo a Síncope

A síncope é o uso de um ritmo inesperado e coloca as notas da melodia fora da batida. Todos os exemplos até este ponto não foram sincopados e consistiram em notas tocadas na batida.

Adicionar síncope a uma melodia realmente dá vida ao dedilhado no country e ajuda a criar a impressão de dois instrumentos individuais tocando juntos.

O primeiro exemplo introduz uma nota sincopada que leva ao primeiro compasso. Ao contar em voz alta "um e dois e três e quatro e", a primeira nota é tocada no "e" da batida 4.

A nota da melodia soa por todo o compasso, antes de ser tocada novamente no "e" da batida 4 e mantida no próximo compasso.

Exemplo 3a:

Essa técnica resulta em uma sensação de alternância entre o polegar e o primeiro dedo, o que deve ajudá-lo a se manter no tempo.

O próximo exemplo é semelhante, mas move a nota sincopada de melodia para o "e" da batida um.

Exemplo 3b:

Agora, a nota sincopada é movida para "e" da batida dois e aplicada a um acorde E. Para manter as coisas interessantes, a nota melódica alterna entre a corda G e a corda B.

Exemplo 3c:

Finalmente, a síncope é movida para o "e" da batida 3.

Exemplo 3d:

É possível adicionar síncope a várias notas em um compasso. Aqui está um exemplo em G com uma nota sincopada tocada no "e" das batidas dois e três.

Exemplo 3e:

Veja um exemplo em que uma nota sincopada foi adicionada a cada batida. Ao reproduzir exemplos com mais notas como esse, é importante usar abafamento para criar definição entre as notas graves e a melodia sustentada. Para ajudá-lo a ouvir isso, gravei a faixa de apoio corretamente primeiro e, na segunda vez, deixo que tudo soe.

Exemplo 3f:

A síncope ganha vida quando você começa a combinar notas pinçadas e sincopadas. Aqui está um padrão comum tocado em um acorde de C maior que apresenta um pinçamento na batida 2 e uma síncope no "e" da batida três.

Exemplo 3g:

Aqui está a mesma ideia rítmica aplicada a uma progressão de acordes. Não há nenhuma melodia real sendo tocada aqui, você está apenas tocando uma nota do acorde para criar algum interesse rítmico. Esta seria uma boa base rítmica para cantar se você fosse um artista solo.

Exemplo 3h:

Usando síncope, é possível tocar melodias simples contra mudanças de acordes para criar músicas com sonoridades mais completas.

Este exemplo usa um pinçamento na batida um, com síncope no "e" da batida dois, para criar uma versão mais sofisticada de *Freight Train*.

Exemplo 3i:

Muita repetição ou previsibilidade pode aborrecer rapidamente o ouvinte. Por isso, misturar vários pinçamentos e síncopes é uma boa maneira de manter seu público tentando adivinhar o andamento da música e desenvolver suas capacidades técnicas.

Este exemplo é baseado na ideia anterior, mas acrescenta variação nos compassos alternados para manter o interesse. Tente usar este padrão para tocar as cordas com o exemplo 3h.

Exemplo 3j:

Veja outro exemplo baseado na *House of the Rising Sun*, que mistura diferentes combinações de pinçamentos e síncopes.

Padrões como este são normalmente improvisados. Nesse estágio, isso pode parecer impossível, mas à medida que você desenvolver sua técnica, você naturalmente começará a usar o dedo indicador para criar ritmos interessantes sobre uma linha de baixo "automática".

Exemplo 3k:

Por fim, aqui está um arranjo sincopado que toma influência de *Nine Pound Hammer*. Compare com o Exemplo 2m para ver o quanto de interesse a síncope acrescenta.

Exemplo 3l:

Ainda existem algumas técnicas que você precisa aprender para interpretar nesse estilo, mas concentre-se em dominar os pinçamentos e as síncopes antes de seguir em frente. Se puder tocar os desenhos de acordes, usar o dedo indicador para tocar uma melodia não deve ser um desafio.

Capítulo Quatro: Articulação Melódica

Ao tocar uma melodia, há duas coisas a considerar: *quais* notas você vai tocar e *como* você vai tocá-las. Há muitas maneiras de tocar uma nota: você pode tocá-la suavemente, deslizar para a nota, fazer um *bend*, etc. Esse aspecto da performance é chamado de *articulação* e se refere a como você toca e faz as transições entre as notas.

Já analisamos uma forma de articulação com a técnica do abafamento, mas há muitas outras maneiras de articular as notas.

Outra forma de articulação a considerar é o *staccato*. Staccato literalmente significa "separado" e pode ser interpretado como tocar notas com ritmos curtos e separados. Uma nota em staccato é indicada por um ponto acima ou abaixo da cabeça da nota. A nota é reproduzida e, em seguida, rapidamente silenciada, seja levantando levemente o dedo da mão que pressiona as cordas ou parando a corda com a mão que toca as cordas.

O exemplo seguinte é tocado, a princípio, com a melodia soando e depois com uma articulação em staccato. Ouça atentamente a gravação para captar as diferenças de som.

Exemplo 4a:

Aqui está aquele conceito de staccato aplicado a uma ideia melódica. A nota em staccato adiciona interesse dinâmico e uma pitada de diversão.

Exemplo 4b:

Embora o staccato crie um som diferente, os *hammer-ons* e *pull-offs* são mais dramáticos porque permitem que você use a mão que pressiona as cordas para adicionar mais notas a uma melodia sem ter que sobrecarregar os dedos da mão que toca as cordas.

O exemplo seguinte em C maior começa com uma pinçada na batida um e um *hammer-on* na primeira casa da corda B.

Exemplo 4c:

Essa mesma ideia poderia ser articulada com um ornamento. Isso significa que o *hammer-on* não é executado com valor rítmico completo. Então, em vez de tocar o B (corda solta) e martelar a nota C em 1/8 de tempo mais tarde, o B é tocado e instantaneamente é feito o *hammer-on* para o C. Essa pequena diferença causa uma grande mudança no som da melodia.

Exemplo 4d:

Hammer-ons em uma corda solta permitem que você crie melodias sofisticadas, como mostra o exemplo abaixo.

Exemplo 4e:

Veja um exemplo que isola essa técnica de *hammer-on* no acorde C maior.

Exemplo, 4f:

Este próximo exemplo usa um hammer-on para tocar a melodia na seção B de *Freight Train*. Use o primeiro dedo para fazer pestana e toque o F na corda E aguda.

Exemplo 4g:

Até agora, aplicamos hammer-ons ao pinçamento, mas também podemos aplicar essa técnica a notas sincopadas. Pode ser um desafio manter uma nota martelada no mesmo volume que uma nota dedilhada, para que ela não seja abafada pelo baixo.

Aqui está aquela mecânica básica aplicada a um acorde E maior com as cordas soltas. Vá devagar e tente tocar os hammer-ons com volume igual ao das notas tocadas.

Exemplo 4h:

Aqui está um exemplo mais complicado que usa o mesmo ritmo, mas se move para um acorde de primeira inversão (E7/G#) no compasso dois. Permitir que essas melodias soem é complicado; o novo acorde deve ser mantido enquanto a nota que você está martelando é tocada.

Exemplo 4i:

Aqui está um exemplo com um *hammer-on* sincopado mais adiante no compasso.

Exemplo 4j:

Veja a seguir um exemplo mais complicado que se move entre C maior e A menor. Esta melodia apresenta tanto *hammer-ons* sincopados quanto um *pull-off* pinçado no compasso final.

Exemplo 4k:

Também é possível usar essas técnicas na parte do polegar. O padrão de baixos alternados é reproduzido como esperado, mas a corda D solta é martelada na nota E.

Exemplo 4l:

Quando as melodias são adicionadas ao baixo, podemos criar algumas ideias musicais muito interessantes. Travis era um mestre desse tipo de coisa e costumava tocar intrincadas linhas de baixo para seções inteiras de músicas.

Este próximo exemplo usa *hammer-ons* e *pull-offs* na melodia e no baixo para passar de um acorde para o próximo a cada quatro compassos.

Exemplo 4m:

Existem muitas outras aplicações dessas técnicas e as veremos mais tarde, à medida que a técnica se tornar mais internalizada.

Capítulo Cinco: Posições Avançadas de Acordes

Nem todos os acordes tocados no country são executados com cordas soltas. Embora não exista nada de errado com os acordes abertos (e você descobrirá que a maioria da execução é feita nessa área), às vezes há um grande benefício a ser alcançado ao visitar a extremidade "empoeirada" do braço.

Além de mais opções de *voicings*, a razão óbvia para subir no braço é acessar notas mais agudas na melodia. Na posição aberta, a nota mais aguda que você pode alcançar confortavelmente é provavelmente o G# na casa quatro da corda E.

Isso pode ser problemático se você tocar um clássico no estilo Travis Picking como *Mr. Sandman*, onde você precisa tocar um C# na casa 9 como uma das notas da melodia. Chet Atkins toca a casa doze na corda B durante uma seção.

Com um conhecimento básico de inversões de tríades e do sistema CAGED, é relativamente fácil fazer deslocamentos para cima e para baixo do braço da guitarra.

Os diagramas de acordes a seguir mostram um acorde de A maior tocado em três áreas diferentes do braço. O primeiro está na posição aberta (baseado em torno de um acorde de A maior aberto), o segundo é tocado na casa cinco (baseado em torno de um acorde E maior aberto) e o terceiro tem uma tônica na casa doze (baseado em torno de um acorde C maior aberto).

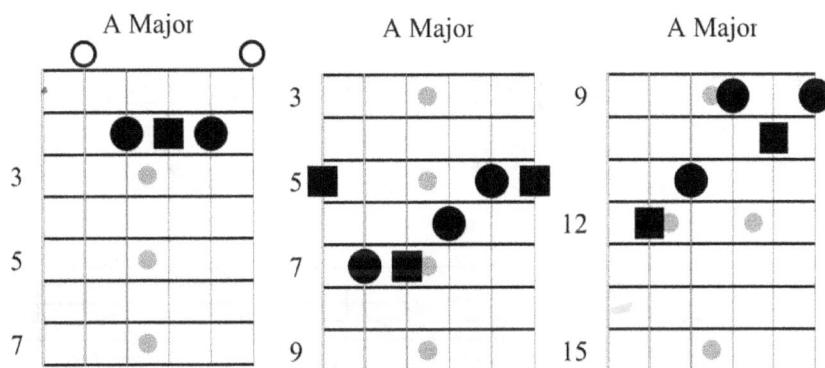

Em cada uma dessas posições, é possível reproduzir as notas nas 4 cordas mais agudas contra a corda A solta, pois você sempre reproduzirá um fragmento de um acorde A maior.

Exemplo 5a:

Se você tocar as quatro notas mais agudas de cada desenho e adicionar um padrão de baixo alternado de quinta corda, quarta corda, sexta corda, quarta corda, você poderá acessar três áreas do braço e cobrir doze casas com facilidade.

Este exemplo demonstra esses padrões. Os desenhos de acordes que você deve segurar são mostrados com parênteses.

Exemplo 5b:

Aqui estão aquelas três posições tocadas com uma ideia melódica simples do capítulo anterior. A mecânica da mão que toca as cordas é a mesma de antes, a única coisa que mudou é a localização da mão que pressiona as cordas.

Exemplo 5c:

É possível adicionar notas nas cordas mais agudas para fazer melodias, como esse exemplo em torno do desenho de E mostra.

Exemplo 5d:

Aqui está uma melodia na parte mais alta do braço da guitarra e no desenho de C. É a mesma ideia em um novo desenho de acorde.

Exemplo 5e:

O próximo exemplo muda entre os desenhos de E e C de tal forma que a melodia possa se mover livremente para o lugar certo. Embora a parte do baixo mude um pouco, o ouvido apenas nota o acorde A maior implícito e foca no detalhe melódico.

Exemplo 5f:

Essas ideias também podem ser aplicadas a um acorde de E maior. O exemplo a seguir é uma melodia do Exemplo 5b, mas agora em E maior.

Para dar consistência, o dedão alterna apenas entre as cordas seis e quatro.

Exemplo 5g:

É possível subir pelo braço da guitarra através de cada padrão.

Exemplo 5h:

Aqui está uma ideia melódica em torno de um acorde de E maior no desenho C.

Exemplo 5i:

Este próximo exemplo vai até a casa doze. Ideias como essa eram frequentemente ouvidas na performance de músicos do rockabilly como Scotty Moore.

Excmplo 5j:

Agora combine algumas dessas posições para delinear um acorde E maior. Familiarize-se com a linha de baixo antes de adicionar a melodia. O objetivo é aprender como a melodia interage com o baixo, por isso não tente apenas tocar ambas as linhas esperando que tudo funcione!

Exemplo 5k:

Este exemplo final busca influência do clássico de Merle Travis, *Cannonball Rag*. A ideia básica é uma séria de acordes de sétima dominante que se movem em torno do círculo de quintas. Para deixar as coisas interessantes, usei alguns *voicings* mais avançados, em posições mais agudas, para os acordes de E e A. Também usei formas básicas com pestana para os acordes D e G na mesma área do braço da guitarra.

Exemplo 5l:

Há técnicas o suficiente apresentadas nestes cinco primeiros capítulos para mantê-lo ocupado por um tempo. Invista tempo em cada conceito, pois é importante ter uma sólida compreensão das técnicas usadas antes de passar para a Parte Dois, onde você aprenderá as idiossincrasias e a evolução do *fingerstyle* estudando Merle Travis, Chet Atkins e Jerry Reed.

Antes de progredir, tocar com o polegar deve ser automático ao reproduzir padrões de baixos alternados. Os dedos devem estar confortáveis tocando melodias tanto na batida (a técnica da pinça) quanto em síncope.

Sua mente não deve estar ocupada com a linha de baixo, estando livre para pensar no tom de cada nota que você toca. Se você sentir que está no limite de sua habilidade ao tocar as partes de baixo e melodia juntas, não tenha medo de investir mais tempo com os rudimentos antes de seguir em frente.

Não há pressa: as casas mais fortes são construídas sobre as fundações mais sólidas.

Parte Dois: Mestres do Estilo

Nesta seção, você aprenderá as idiossincrasias estilísticas de três guitarristas principais na história da guitarra country *fingerstyle*: Merle Travis, Chet Atkins e Jerry Reed. Apesar de não serem os únicos guitarristas importantes do country *fingerstyle*, cada um pode ser considerado um passo na evolução do estilo Travis Picking.

Ao estudar cada músico individualmente, você desenvolverá um profundo entendimento de como as técnicas abordadas até o momento podem ajudá-lo a desenvolver sonoridades dramaticamente diferentes.

Na seção anterior, você desenvolveu a técnica básica para tocar linhas de baixo alternadas com o polegar e a melodia com os dedos. Na Parte Dois, o objetivo é se concentrar em como sua música soa e não apenas em como ela é tocada. Há uma grande diferença entre a execução deliberada e articulada de Chet Atkins e a abordagem mais rústica e imediata que você ouve na interpretação de Merle Travis.

Preste muita atenção aos exemplos gravados (tanto do livro quanto dos artistas originais), pois acertar o tom é um dos aspectos mais importantes da guitarra. Há uma grande diferença entre a música no papel e a música que tocará as pessoas por gerações. Tem muito a ver com a sonoridade, por isso não tenha medo de passar o tempo fazendo com que os exemplos soem ótimos, e não apenas "corretos".

Capítulo Seis: O Estilo de Merle Travis

Embora talvez não seja o criador do estilo, não há como negar que Merle Travis deu rosto ao som do estilo Travis Picking. A triste verdade é que a indústria fonográfica daquela época explorou muito os artistas. Então, enquanto Elizabeth Cotten se tornou conhecida em sua vida posterior, na década de 1930 seu nome era desconhecido para muitos fãs de música.

Na tradição do blues e do ragtime, há muitos artistas cuja música você pode ter ouvido sem ser capaz de nomear. Um exemplo seria Blind Blake: um homem de quem muito pouco é conhecido. As gravadoras sabiam o suficiente para colocar um microfone à sua frente e fazer discos, mas ainda é muito debatido sobre a causa da sua morte, local de nascimento ou até mesmo seu nome verdadeiro. Isso é uma tragédia, pois Blake era um músico talentoso que tinha um domínio impressionante para tocar ragtime no piano e na guitarra.

A "técnica de Travis" não é algo que Merle Travis inventou, mas definitivamente algo que ele popularizou. Na verdade, *Freight Train* foi composto antes mesmo de Merle nascer. Quem saberá quantos talentos incríveis perdemos antes do advento da gravação de áudio.

Nascido em 1917, Merle Travis desenvolveu a técnica de dedilhado comumente usada em seu estado natal de Kentucky. Este estilo foi passado de pessoa para pessoa, com nomes notáveis, incluindo Arnold Shultz (um carvoeiro) e Kennedy Jones (o compositor original de *Cannonball Rag*).

O estilo de tocar de Merle Travis usava quase exclusivamente o polegar e o indicador. A esse respeito, a Parte Um deste livro deve deixá-lo bem preparado. A área onde a performance de Merle mostra variação está nos toques executados pelo dedão.

Como um lembrete rápido, o padrão alternado de baixo do country é algo assim:

Exemplo 6a:

A forma de Merle tocar as cordas é normalmente mais ampla e cria um som mais rico na execução de acompanhamentos.

O conceito de tocar "grave, agudo, grave, agudo" ainda está presente, mas, agora, em vez de tocar notas únicas, o dedão é menos preciso e toca algumas cordas de cada vez.

Exemplo 6b:

Lembre-se que isso não é uma arte precisa. Apenas pense em tocar grave e depois agudo, deixando as cordas soarem. Ao segurar um acorde, qualquer seleção de notas tocadas deve soar bem. Não era incomum para Merle tocar todas as cordas mais agudas nas batidas dois e quatro se era isso que a melodia requeria.

O estilo de Merle faz uso extenso da pestana. Aqui está um padrão de baixo alternado aplicado ao acorde G na terceira casa. Embora seja descrito como um acorde com pestana, Merle pressionava a nota na corda E grave com seu polegar e usava os dedos para pressionar as notas nas cordas A, D, G, e B.

Exemplo 6c:

Este exemplo usa o mesmo movimento amplo para tocar as cordas, mas agora com um acorde D9 com pestana, que é outro *voicing* tocado frequentemente por Merle.

Exemplo 6d:

Aqui está um exemplo influenciado pelo *standard* de Isham Jones, *I'll See You in My Dreams*. É um clássico de gênero que conta com versões de Merle e Chet Atkins (com Mark Knopfler). São usados *voicings* de acordes dos três exemplos anteriores, transpostos para um tom diferente.

Exemplo 6e:

O exemplo a seguir foi influenciado pelo clássico de comédia de Merle, *Smoke! Smoke! Smoke!* Você irá notar um acorde A com pestana que foi usado no Exemplo 6c. No entanto, em vez de tocar a corda A na batida três, o dedão é levantado para tocar um E aberto.

Você também irá notar que o compasso final contém um padrão melódico no baixo para ir do acorde A final de volta para o primeiro acorde A na repetição.

Exemplo 6f:

Este exemplo é baseado na progressão de acordes de Fat Gal e novamente usa *voicings* de acordes abordados anteriormente.

Exemplo 6g:

Para ter uma comparação, aqui está o mesmo exemplo tocado com articulação mais deliberada na mão que toca as cordas. Não soa mal, mas definitivamente não soa como Merle Travis.

Exemplo 6h:

Agora adicione o dedo indicador!

Este exemplo inclui uma nota sincopada no "e" da batida três. Não há nada de novo melodicamente, mas tocar essa síncope contra a forma ampla de tocar com o dedão, no estilo de Merle, pode parecer difícil a princípio.

Exemplo 6i:

Este próximo exemplo é um padrão comum de Merle tocado em músicas como *Nine Pound Hammer*. O aspecto mais desafiador está nas duas notas consecutivas tocadas com o dedo indicador na batida três. Isso é mais fácil por causa do *feeling* de swing que dá mais tempo para tocar a segunda nota.

Exemplo 6j:

Agora vamos aplicar o mesmo conceito a um acorde D9 e adicionar mais duas notas sincopadas no compasso dois. Na primeira vez elas são tocadas em uma nota estática, mas na repetição elas sobem de forma cromática para a nota B. Essa variação pode parecer difícil em um primeiro momento, mas ocorre regularmente em músicas country como *Cannonball Rag*, por isso a prática aqui renderá frutos.

Exemplo 6k:

As duas ideias anteriores são usadas aqui para delinear os acordes G maior e C9 na *Nine Pound Hammer*.

Exemplo 6l:

Veja abaixo a mesma ideia, mas agora com a parte do baixo subindo do G para o C no fim do segundo compasso.

Exemplo 6m:

O próximo exemplo é similar, mas adiciona um acorde D7 na segunda metade dos compassos dois e quatro. Isso cria interesse harmônico sem se distanciar da progressão original de acordes.

Exemplo 6n:

Veja aqui uma variação do C7 que você pode tocar em vez do acorde C9 no Exemplo 6m. Merle poderia ter optado por um desenho como esse se quisesse tocar um acorde C7 regular.

É bastante desafiador, pois o dedão precisa tocar ambas as cordas E e A.

Exemplo 6o:

C7

Aqui está um *voicing* de acorde usado com a melodia dos exemplos anteriores. Ao tocar esse acorde, Merle com frequência mirava em um padrão 6, 4, 6, 4 para tocar as cordas (com movimentos amplos para tocar mais cordas).

Exemplo 6p:

Agora veja um exemplo completo de como Merle Travis pode acompanhar o vocal nessa progressão. Note a linha de baixo andante que ajuda a conectar os acordes.

Exemplo 6q:

Aqui está um lick de finalização no estilo de Merle. Depois de tocar o padrão no G do último exemplo, suba para a sétima casa e descenda cromaticamente para a quinta.

Exemplo 6r:

Ao estudar a forma como Merle executa no estilo Travis Picking, é importante lembrar que as melodias que você toca são ditadas pelas notas disponíveis nas posições de acordes que você escolher. Como você deve sempre manter a parte do dedão firme, as melodias que você toca devem estar disponíveis para os outros dedos.

Veja a seguir duas melodias simples tocadas em um acorde G com pestana. Para liberar o dedo mindinho para tocar melodias, a nota normalmente pressionada na corda A é omitida, enquanto um padrão de tocar as notas 6, 4, 6, 4 é tocado com o dedão.

Exemplo 6s:

Aqui está o mesmo exemplo, mas com os compassos dois e quatro movimentados para cima no braço da guitarra, para delinear um acorde C maior. Tocar melodias através das mudanças de acordes pode ser bastante simples.

Exemplo 6t:

O exemplo a seguir desenvolve a ideia anterior ao adicionar uma linha de baixo andante que conecta os acordes de G maior e C maior. Conforme você usa o dedão para digitar as notas graves em cada acorde, fará sentido digitar a linha de baixo andante também com o dedão.

Exemplo 6u:

Uma forma útil de adicionar personalidade às melodias encontradas em torno de desenhos de acordes é fazer *bends*, e o próximo exemplo mostra *bends* na corda B. Essa técnica é desafiadora, pois você precisa fazer o *bend* em apenas uma nota enquanto mantém as outras notas do acorde estáticas. Pratique ideias assim vagarosamente e lembre-se de manter a definição entre a parte abafada (com o polegar) e a melodia soante.

Exemplo 6v:

Veja a seguir um exemplo mais desafiador tocado em uma virada. Ao abordar um exemplo complexo como esse, aprenda os *voicings* de acordes em primeiro lugar, pois a melodia consiste apenas nas notas disponíveis das cordas mais agudas.

Exemplo 6w:

Este próximo exemplo é influenciado pela clássica composição *fingerstyle*, *Cannonball Rag*, e se move em torno de uma progressão de E7, A7, D9 e G maior. A melodia ainda se encaixa em torno dos voicings de acordes, embora a subida cromática no D9 pode exigir alguma prática.

Exemplo 6x:

Aqui está uma ideia com uma melodia tocada no baixo. Ela começa na corda D para criar algo mais melódico e se move para baixo na escala de E menor.

Exemplo 6y:

Além do Travis Picking, os solos de Merle com frequência apresentavam um padrão de *roll* ascendente, tocado com articulação única. O dedão primeiramente toca duas notas consecutivas em cordas adjacentes antes do dedo indicador tocar uma nota na terceira corda.

Aqui está aquela técnica aplicada às três notas do topo de um acorde de E maior, tocadas com um ritmo de tercinas.

Exemplo 6z:

A mesma ideia pode ser tocada com qualquer grupo de cordas. Aqui, ela está aplicada às cordas D, G, e B.

Exemplo 6z1:

Agora, tente alternar o dedo indicador entre as cordas B e E.

Exemplo 6z2:

Merle com frequência tocava essa ideia com um *feeling* de colcheias, para criar uma frase de dois compassos.

Exemplo 6z3:

Ainda é possível alternar a nota do dedo indicador ao tocar este ritmo, conforme esse *lick* em E7 aparece.

Exemplo 6z4:

Merle gostava muito desse padrão rítmico e com frequência o usava para delinear progressões de acordes e adicionar um pouco de "flash" nas suas performances ao vivo. Aqui está uma forma usada para delinear acordes em *Cannonball Rag*.

Exemplo 6z5:

Veja a seguir uma última forma de delinear os mesmos acordes. O próximo exemplo é simplesmente um caso de tocar um fragmento de acorde e aplicar o "*Merle roll*" aos processos!

Exemplo 6z6:

Se você está sentindo dificuldade em tocar esses *rolls* da forma como Merle os tocava, não se preocupe! O mesmo é evidentemente verdadeiro em relação a muitos outros guitarristas do *fingerstyle* que usaram outras técnicas de *roll* discutidas em capítulos anteriores.

Esses *rolls* com colcheias devem ter surgido naturalmente para Merle, e é impossível ignorar que elas têm uma sonoridade única comparadas aos *rolls* mais comuns com vários dedos que estudaremos mais tarde.

Capítulo Sete: *Banjo Rolls*

Antes de abordar os aspectos únicos dos estilos de Chet Atkins e Jerry Reed, faz sentido olhar para o desenvolvimento do *banjo roll* de Merle e desenvolver alguma independência nos dedos ao mesmo tempo.

Até agora, você só precisou usar dois dígitos na mão que toca as cordas: o polegar e o dedo indicador. O próximo passo no desenvolvimento de ideias mais complexas e maior velocidade é introduzir o dedo do meio.

O primeiro conceito a dominar é a arte do *roll avançado*: tocar com a dedeira, depois com o dedo indicador e, finalmente, com o dedo médio. Isso cria um movimento ascendente que parece que a mão está "rolando para frente".

Aqui está essa técnica aplicada às três notas do topo de um acorde de E maior.

Exemplo 7a:

Para desenvolver a destreza necessária nos dedos e dominar o *roll* avançado, usaremos um conceito chamado "*The Spanish Lap*". Isto vem de um tipo de treinamento de fitness, onde você repetidamente corre pelo comprimento de um campo esportivo antes de correr com rapidez pela largura. A ideia é garantir que haja sempre combustível no tanque enquanto aumentamos a velocidade e a resistência.

Para aplicar este conceito ao exercício anterior, "corra" tocando tercinas nas batidas um, dois e três (três notas por batida) e depois "corra com rapidez" tocando uma sextina na batida quatro (seis notas por batida).

Exemplo 7b:

Aqui está a mesma ideia, mas agora correndo normalmente e com velocidade por mais tempo.

Exemplo 7c:

Esse conceito pode ser aplicado a qualquer agrupamento de cordas e qualquer conjunto de notas. Isso ajudará você a entender o *feeling* de tocar um *roll* avançado.

Aqui está um exemplo que combina cordas soltas e pressionadas para criar uma nota G repetida.

Exemplo 7d:

Um problema que vejo com frequência entre meus alunos particulares é o que um professor de música clássica pode descrever como ritmos "irregulares", o que significa que as divisões das notas não estão espaçadas uniformemente. Frequentemente, ritmos irregulares ocorrem porque é fácil apressar o *roll*, o que normalmente resulta em um período de tempo maior entre as notas tocadas pelo dedo médio e polegar, do que as reproduzidas pelo polegar e indicador.

Para uniformizar os ritmos irregulares, a melhor prática é deslocar o começo do *roll* em uma nota. Aqui está um *roll* avançado em um acorde de G maior com o dedo indicador colocado na batida, em vez do polegar. Isso faz com que o *roll* seja deslocado, além de ser uma ótima maneira de regularizar os ritmos entre os dedos enquanto você desenvolve um grande controle na sua execução.

Exemplo 7e:

Conforme esperado, é possível deslocar o roll novamente para começar com o dedo do meio na batida.

Exemplo 7f:

Aqui está outra abordagem baseada no *Spanish Lap*, que mistura semicolcheias (quatro notas por batida) e sextinas (seis notas por batida).

Exemplo 7g:

A próxima ideia usa o mesmo ritmo e se move entre diferentes conjuntos de cordas. Comece nas cordas D, G, e B, antes de repetir o exercício nas cordas G, B, e E.

Exemplo 7h:

Aqui está o *roll* avançado, tocado em todas as seis cordas em grupos de três.

Exemplo 7i:

Familiarizado com o *roll* avançado, é hora de prestar atenção ao *roll* reverso. Como o nome sugere, o *roll* reverso acontece quanto o *roll* se move do dedo do meio para o polegar, conforme demonstrado abaixo.

Exemplo 7j:

Para muitos guitarristas, essa mecânica de tocar as cordas é mais estranha do que o *roll* avançado e normalmente requererá mais prática. Pontos fracos na sua técnica podem resultar em limitações na sua música.

Veja a seguir o mesmo *roll* reverso, mas agora está deslocado de tal forma que o dedo indicador acerte na batida.

Exemplo 7k:

Aqui está um exemplo mais complicado que soa muito mais musical. A partir desse ponto, indicadores de palhetada para baixo (⊓) serão usados na notação para mostrar os toques com o dedão.

Comece com uma dedeira e toque uma série de *rolls* reversos, começando com o dedo do meio.

Exemplo 7l:

Ao acelerar *rolls* como esse, a questão do tom surge. Muitos músicos decidem crescer e manter as unhas, de modo que as notas tocadas com os dedos tenham um ataque tonal similar às notas tocadas com a dedeira. Embora haja mais vantagens para essa ideia do que desvantagens, sempre encontro conforto no fato de que Tommy Emmanuel brinca com polpa dos dedos. O melhor é ver qual som você prefere.

Aqui está outro pequeno *lick* que usa o *roll* reverso. Preste atenção às notas tocadas com o polegar e prepare-se para acertar o *roll* reverso com o dedo médio.

Exemplo 7m:

Veja a seguir uma ideia frequentemente ouvida no banjo. O dedão toca a nota mais grave enquanto a mais aguda é tocada com o dedo do meio.

Exemplo 7n:

Este próximo exemplo é uma variação do *roll* reverso da ideia anterior. Para apimentar as coisas, um ornamento é adicionado do Bb até o B na corda G. A primeira nota é tocada e imediatamente martelada para a segunda. Ouça o áudio para ter uma referência.

Exemplo 7o:

A ideia a seguir combina *rolls* reversos com o lick do Exemplo 7m para criar algo que Jerry Reed poderia tocar.

Exemplo 7p:

A próxima mostra um *roll* reverso e cordas soltas que soam para imitar o som clássico do banjo.

Exemplo 7q:

A ideia a seguir é idêntica na mão que toca as cordas, mas agora a mão que pressiona as cordas delineia diferentes acordes para criar algo mais musical.

Exemplo 7r:

A ideia a seguir vem direto de "*The Danny Gatton Lick-Bag*" e usa *hammer-ons* e *rolls* avançados para criar um floreio de notas.

Exemplo 7s:

Nesse próximo exemplo, o polegar alterna entre as cordas D e G enquanto toca um *roll* reverso nas cordas D, B e E. Comece bem devagar e acelere gradualmente ao longo do tempo até que a mecânica de tocar as cordas seja feita sem esforço, como em um padrão de baixo alternado.

Exemplo 7t:

Aqui, o *roll* avançado é aplicado ao longo das cordas em grupos de três para criar uma ideia soante e baseada em escala.

Exemplo 7u:

É possível ousar bastante com licks de *rolls* avançados. Essa próxima ideia coloca menos ênfase na escala utilizada, focando mais em tocar padrões.

Exemplo 7v:

O exemplo abaixo depende de uma sólida técnica de *roll* reverso para construir velocidade e era uma abordagem favorita de Jerry Reed.

Exemplo 7w:

O exemplo final é um *lick* típico do bluegrass que começa pela quinta casa e usa cordas soltas para descer a um acorde de G maior aberto.

Exemplo 7x:

Esta não é, de forma alguma, uma lista exaustiva de ideias de banjo (tenho certeza que elas poderiam preencher um livro inteiro), mas elas certamente são suficientes para ajudá-lo a aprender o vocabulário dos grandes músicos do country.

Agora você já deve ter desenvolvido destreza suficiente na mão que toca as cordas para abordar algumas das técnicas que distinguem a interpretação de Chet Atkins e de Merle Travis. Vamos dar uma olhada!

Capítulo Oito: O Estilo de Chet Atkins

Chet Atkins era um mestre da guitarra que refinou o estilo de Merle (*Merle's "trademark" Kentucky picking*), além de trazer muitas outras ideias inovadoras para o dedilhado no country.

A característica mais óbvia do estilo de Chet foi sua forma de tocar com o dedão, mais limpa e refinada. Enquanto Merle tocava largamente com o polegar, Chet ficava muito próximo das notas abafadas e individuais nas batidas 1 e 3, para imitar um contrabaixo acústico, e tocava mais largamente com o polegar nas batidas 2 e 4 para dar um pouco mais de harmonia a essas batidas.

Veja um exemplo de como Chet delineou um acorde de C maior. Sua abordagem foi incrivelmente deliberada e delicada quando comparada ao som mais áspero e imediato de Merle.

Exemplo 8a:

Ao adicionar a melodia, os toques nas batidas 2 e 4 realmente ajudam a adicionar um som mais amplo a algo que de outra forma seria bastante despido.

Exemplo 8b:

Aqui está um exemplo mais longo com uma melodia que delineia acordes Amaj7 e E9. Foque nos toques com o dedão, nas batidas 2 e 4, para obter um som mais amplo e no estilo de Chet.

Exemplo 8c:

Volte no livro e toque o baixo de cada exemplo no estilo de Chet Atkins. Esta é uma ótima maneira de entender a diferença entre as abordagens de Chet e Merle no que se refere a tocar as cordas.

O outro aspecto que define a forma de Chet tocar era o seu uso de múltiplos dedos da mão que toca as cordas para tocar melodias mais complicadas. A melhor maneira de assimilar essas ideias é praticá-las isoladamente de forma que a execução seja feita sem esforço em situações reais.

O primeiro exemplo usa o dedão na batida um. O dedo indicador toca a corda G, antes do dedo do meio e do polegar tocarem na batida dois.

Exemplo 8d:

Aqui está uma ideia que parece muito um *roll* reverso. Lembre-se: preste atenção às hastes para baixo no ritmo, estes são os toques com o dedão!

Exemplo 8e:

Este lick combina os dois padrões anteriores em um exemplo mais longo.

Exemplo 8f:

Veja a seguir uma ideia mais complicada baseada em um *roll* reverso que se repete e cria um som sincopado.

Exemplo 8g:

Este próximo exemplo é influenciado pelo compositor de ragtime Scott Joplin. Ideias como essa costumam parecer estranhas, pois notas alternadas são tocadas por ambos os dedos da mão que toca as cordas.

Exemplo 8h:

Também é possível usar ambos os dedos na mão que toca as cordas para tocar *double-stops*.

Exemplo 8i:

Veja a seguir um fragmento melódico tocado em um Blues de 12 compassos em E.

Exemplo 8j:

É possível usar qualquer padrão melódico sobre um Blues de 12 compassos. Aqui está um exemplo que usa os mesmos acordes com uma melodia diferente.

Exemplo 8k:

Aqui está uma ideia similar que usa alguns dos *voicings* de acordes do Capítulo Cinco e cria um som bastante diferente ao tocar acordes abertos.

Exemplo 81:

Este próximo exemplo delineia uma progressão Am, C/G, D/F#, F maior. Note o uso de inversões de acordes para forçar uma linha de baixo descendente A, G, F#, F.

Exemplo 8m:

Esta ideia é baseada no clássico do Lynyrd Skynyrd, *Freebird*. Você perceberá rapidamente que é fácil usar esses padrões para tocar as cordas em qualquer progressão de acordes, criando um clima country.

Exemplo 8n:

Aqui estão algumas das ideias anteriores aplicadas à melodia de Freight Train. O *roll* reverso significa que você é capaz de tocar a melodia enquanto também enche o espaço melódico com notas da corda B. É importante tocar as notas da melodia de forma clara e com volume para que elas não sejam sufocadas pela base.

Exemplo 8o:

Aqui está um exemplo mais longo que delineia os acordes para a segunda seção de *Mr Sandman*. É apenas uma combinação de ideias apresentadas em exemplos anteriores, sem a tentativa de tocar a melodia. O resultado soa supreendentemente completo para algo que é apenas uma sequência de acordes comuns.

Exemplo 8p:

Harmonias

Outro aspecto da forma de tocar de Chet Atkins era harmonizar melodias com escolhas de notas interessantes. Por exemplo, veja esta simples melodia na corda B.

Exemplo 8q:

Aqui está ela novamente, suportada por notas tocadas uma terça mais grave na corda G.

Exemplo 8r:

É possível usar ideias como essa ao alternar padrões de baixo, e você ouvirá Chet fazer isso o tempo todo. Um ótimo exemplo é ouvido na sua versão do clássico de Joplin, *The Entertainer*.

Exemplo 8s:

Partes com Camadas

Chet foi um mestre em fazer camadas musicais. Ele foi influenciado por Les Paul, que criou músicas sofisticadas com sua esposa Mary Ford, através de seu trabalho pioneiro com múltiplas faixas.

Aqui está um exemplo de como Chet Atkins pode ter usado *rolls* avançados para delinear as mudanças de acordes em *Cannonball Rag*. Cada voicing de acorde contém quatro notas e é executado com um *roll* de três cordas.

Exemplo 8t:

Para deixar uma gravação especial, Chet pode usar uma guitarra harmônica para essa parte de guitarra. No entanto, em vez de ser frio e clínico com teoria precisa, pode ser interessante criar a harmonia ao simplesmente usar a mesma ideia para tocar as cordas com voicings diferentes de acordes.

Exemplo 8u:

O Exemplo acima poderia ser tocado com uma técnica de *roll* no estilo de Merle, mas os *rolls* de vários dedos de Chet parecem mais naturais para a maioria dos guitarristas.

Quando tocadas juntas, as duas partes criam uma ilusão musical – de que é impossível tocar tudo isso na guitarra. Ideias como essa também funcionam muito bem em situações ao vivo com dois guitarristas.

Harmônicos

Outro aspecto da forma de Chet tocar, que ajudou a dar vida aos seus arranjos, foi o seu uso de harmônicos.

Executar harmônicos é simples: o dedo é posicionado sobre a corda, diretamente sobre uma divisão das casas do braço da guitarra. A corda é tocada levemente, não pressionada, e então tocada com a mão direita.

No exemplo seguinte, o dedo é posicionado sobre todas as seis cordas, sobre a casa doze, e então as cordas são tocadas. O dedo então se move para a sétima casa e, por fim, para a quinta. Esses são os harmônicos naturais.

Exemplo 8v:

A próxima ideia consiste em harmônicos individuais que soam uns sobre os outros para criar uma bela parede sonora. Levante o dedo que pressiona as cordas quando cada harmônico for executado.

Exemplo 8w:

Um desenvolvimento dos harmônicos naturais são os harmônicos *artificiais*. Essa técnica requer que você pressione uma corda no braço da guitarra e toque a corda *12 casas para cima* com o dedo indicador da mão que toca as cordas. A corda é então tocada com o dedão da mão direita, resultando em um harmônico que soa mais agudo em uma oitava do que a nota pressionada.

Veja agora esse conceito aplicado a um arpejo em Amaj9.

Exemplo 8x:

Chet Atkins combinava com frequência harmônicos artificiais com notas regulares para criar riffs em cascata que soam como uma harpa. Chet creditou Lenny Breau pela invenção dessa técnica, embora Lenny dissesse que a aprendeu com Chet. De qualquer forma, é uma técnica marcante para os guitarristas do *fingerstyle*.

No exemplo a seguir, os acordes são mantidos para que soem. A corda D é tocada com o dedo do meio antes de um harmônico artificial ser tocado na corda E com o dedão. O dedo do meio então alcança a corda G enquanto o harmônico se move para a corda A, e assim por diante.

Exemplo 8y:

O exemplo final expande a ideia anterior ao tocar um harmônico artificial, seguido de um *pull-off* em duas cordas para cima. Isso cria uma ideia de escala regular descendente com as notas soando umas sobre as outras.

Exemplo 8z:

Com 88 álbuns de estúdio e inúmeros prêmios Grammy, o repertório de Chet Atkins era imenso. Seu material gravado é uma coleção incrível e eu o encorajo a conferir tudo que puder. Muitas pessoas dedicam suas vidas a dominar a sonoridade de Chet Atkins.

Há muita magia e inúmeras influências para inspirar a sua forma de tocar.

Capítulo Nove: O Estilo de Jerry Reed

Muitas vezes chamado de o "Homem Selvagem do Alabama", Jerry Reed Hubbard construiu uma carreira incrível como compositor, cantor, guitarrista, personalidade de televisão e ator.

Inicialmente lançando inúmeras gravações para a Capitol no final dos anos 1950 como cantor e se tornando um guitarrista de sessão procurado, a maioria dos fãs considera que sua carreira realmente começou em 1967, quando a RCA Victor lançou *The Unbelievable Guitar and Voice of Jerry Reed*.

Jerry gravou 33 álbuns para a RCA Victor, que divulgou sua fenomenal performance na guitarra, composição musical (tanto para ele quanto para artistas como Elvis e Tom Jones) e personalidade. Fora suas gravações, Jerry compôs muitas peças para guitarra gravadas por outros (Chet Atkins gravou muitas delas). Na verdade, Jerry nunca se descreveu como um guitarrista, optando pelo título de "pensador de guitarra", já que ele costumava conceber ideias maravilhosas que eram interpretadas por outros músicos.

É estranho notar que, enquanto Jerry Reed é a evolução natural de Merle Travis e Chet Atkins, sua interpretação é comparativamente não documentada na educação musical. Acredito que é devido à dificuldade da sua forma de tocar que é difícil de decifrar. Há todo tipo de truques e técnicas não ortodoxas para aprender a executar as ideias que ele pensou.

Jerry encontrou sua sonoridade com cordas de nylon. Por isso, a partir desse ponto, as faixas de apoio serão gravadas com a minha Godin Multiac. As cordas de nylon têm um som completamente diferente (comparadas com as de aço) e são mais fáceis de tocar, então por que não tentar?

Para entender completamente como Jerry Reed está tocando, é importante observar como a mão que toca as cordas diferia tanto da de Chet e Merle. Jerry usou uma dedeira e três dedos, muitas vezes reservando o dedo indicador para a palhetada alternada em conjunto com a dedeira.

O dedo médio e o anelar muitas vezes emparelhavam-se juntos ao tocar *double-stops* e isso é demonstrado no exemplo a seguir em um acorde de C maior. Essas *double-stops* são tocadas com os dedos do meio e anelar.

Exemplo 9a:

Outra coisa que vale ser notada na gravação é que Jerry com frequência deixa de usar abafamento nos baixos, o que resulta em um som selvagem e indomado. Essa é uma ótima textura para adicionar ao seu arsenal de amplitude dinâmica.

O próximo passo na aprendizagem deste estilo é reintroduzir o dedo indicador e tocar notas adicionais entre as notas tocadas pelos outros dedos.

Veja a seguir o mesmo exemplo de antes, mas com o dedo indicador adicionado ao "e" da batida três.

Exemplo 9b:

Revisite os primeiros exemplos de dedilhado do Chet Atkins no capítulo oito, mas gora adicione o terceiro dedo. Aqui está um exemplo baseado em um acorde de C maior.

Exemplo 9c:

Assim como todas as mecânicas ensinadas anteriormente, podemos aplicar essas ideias em qualquer progressão de acordes para criar uma peça musical completa.

Este próximo exemplo consiste em uma mecânica repetida, aplicada em uma progressão de C maior a Am.

Exemplo 9d:

O exemplo a seguir usa a mesma ideia de tocar as cordas, aplicada a acordes mais altos no braço da guitarra.

Exemplo 9e:

O Padrão de Garra

Até agora, lidamos com os *backbeat grooves* tradicionais que acentuam as batidas dois e quatro, que é onde você normalmente espera que a caixa da bateria toque. O *backbeat* (as batidas dois e quatro) é a espinha dorsal de 90% de toda música pop e rock dos últimos 80 anos.

Jerry Reed com frequência não usava o tradicional *backbeat groove* e dividia o compasso em agrupamentos de colcheias de 3+3+2. O exemplo a seguir demonstra esse conceito ao mostrar a mesma frase escrita de duas formas diferentes. O primeiro compasso consiste no ritmo escrito conforme você esperaria, enquanto o segundo mostra os agrupamentos 3+3+2.

Exemplo 9f:

Jerry costumava tocar essas ideias com colcheias constantes, com a nota do baixo caindo nesse ritmo 3+3+2.

Essa ideia é demonstrada em um acorde A7 e deve ser tocada da seguinte forma:

Grupo Um: dedão, indicador, dedo do meio e anelar.

Grupo Dois: dedão, indicador, dedo do meio e anelar.

Grupo Três: dedão, dedo do meio e anelar.

Exemplo 9g:

Para dar vida a essas ideias, podemos adicionar uma melodia ao baixo para mover os acordes adiante.

Nesse momento, eu adicionei as notas ascendentes de baixo A, C#, E. Para ajudá-lo a ver isso mais claramente, a linha de baixo está escrita como uma segunda voz, com hastes voltadas para baixo.

Exemplo 9h:

Aqui está outro padrão que Jerry gostava de tocar sobre um acorde A7. A parte do baixo toca as notas A, E, G no ritmo 3+3+2.

Exemplo 9i:

Este próximo exemplo consiste na mesma mecânica aplicada ao acorde E7.

Exemplo 9j:

Veja a seguir uma ideia similar sobre um acorde aberto de D maior. Você irá perceber que o segundo dedo precisa ser levantado da corda E aguda para alcançar a corda A e tocar a parte do baixo.

Exemplo 9k:

Esse *feeling* é extremamente comum na música de Jerry Reed e é usado nas músicas *If I Promise*, *Long Gone*, *If it Comes to That* e *The Claw* (essas são apenas do primeiro álbum). Esses tipos de músicas são tão comuns que os fãs de Reed se referem a elas como "*Claw tunes*".

Veja a seguir um exemplo mais longo, inspirado pela *Long Gone*. Ele consiste em nada mais que as ideias de acordes dos quatro exemplos anteriores.

Exemplo 9l:

O exemplo a seguir é influenciado por *If I Promise*, uma música famosa pela interpretação de Tom Jones. Podemos ver que é possível mudar os acordes em qualquer batida no compasso para fazer um riff.

Exemplo 9m:

Aqui está uma ideia inspirada pela *The Claw*, que mistura o padrão dessa música com *licks* melódicos.

Exemplo 9n:

Altered Thumb-Picking

Palhetada alternada é mais fácil com uma palheta normal (plana), pois é fácil ajustar quanto da palheta sai dentre os dedos. É quase impossível fazer esse ajuste com uma dedeira, portanto, alternar entre a dedeira e um dedo se torna a melhor opção para tocar notas repetidas na mesma corda.

Aqui está um exemplo que mostra uma ideia simples e alternada baseada em torno de um acorde A7. As tocadas com a palheta estão indicadas para cima e para baixo, como é de se esperar. No entanto, você deve tocar todos os movimentos para cima com o dedo indicador.

Exemplo 9o:

Você pode perceber que essa técnica resulta em uma sonoridade staccato. Esse efeito é uma parte do som de Reed e uma consequência da técnica: o dedo indicador abafa a nota tocada pelo dedão, tocando a nota novamente em seguida.

Às vezes. essa técnica de tocar as cordas resulta em tocar frases de uma forma que parece contraintuitiva. O próximo exemplo apresenta *triple-stops* nas cordas do meio que são tocadas com o dedão, dedo do meio e anelar. Estes acordes são então deslocados com uma corda A solta tocada com o dedo indicador.

O *feeling* de tocar as cordas mais agudas com o dedão e as cordas mais graves com os outros dedos parecerá estranho em um primeiro momento, mas não desista: é uma técnica essencial usada em muitas músicas do Jerry Reed.

Exemplo 9p:

A técnica é adaptada à música que precisa ser tocada, não o contrário.

Exemplo 9q:

Contraponto

Outra marca registrada da forma de Jerry pensar na guitarra é o seu uso de contrapontos de duas partes.

Contraponto é o nome dado a duas partes que se movem de forma independente uma da outra. Um exemplo clássico são as invenções para cravo de duas partes de J.S. Bach, onde cada uma das mãos toca melodias independentes que se entrelaçam.

A forma mais fácil de aprender a técnica do contraponto é estudando *movimento contrário*: duas linhas que se movem em direções opostas.

Vamos começar com uma linha de baixo ascendente. Toque-a apenas com a dedeira.

Exemplo 9r:

Aqui está uma melodia que pode ser tocada com o dedo indicador ou do meio.

Exemplo 9s:

Ao serem tocadas juntas com pinçamento, a combinação dessas partes soa completamente diferente, pois o baixo e a melodia prendem a sua atenção.

Exemplo 9t:

Aqui está um exemplo que usa mais variação para criar mais interesse na melodia.

Exemplo 9u:

Podemos adicionar síncope para criar uma melodia mais interessante. No exemplo a seguir, a voz do topo toca a melodia sobre a linha de baixo durante os dois primeiros compassos, antes de elas trocarem de papel nos compassos três e quatro.

Exemplo 9v:

O próximo exemplo é um pouco mais desafiador, pois é tocado com um pulso de colcheias e adiciona alguns acordes pinçados ao movimento contrário.

Exemplo 9w:

Agora a parte do baixo toca uma linha descendente enquanto a melodia contém uma variedade de ritmos para criar uma frase delicada e sofisticada. Estes conceitos podem ser tocados de forma limpa e a parte mais desafiadora é permitir que as notas do baixo soem sobre a melodia, então segure as notas graves!

Exemplo 9x:

O estilo de Jerry Reed era cheio de criatividade. É quase impossível improvisar nesse estilo (apesar de Ted Greene ter aparentemente conseguido isso). Por isso, não se torture se esses exemplos forem difíceis. Reed imaginava frases musicais e depois descobria como tocá-las na guitarra. Para você, isso começará lentamente, mas em pouco tempo você poderá separar mentalmente o baixo e a melodia, e rapidamente ficará mais fácil conceber esses tipos de conceitos.

A música de Jerry é cheia dessas ideias compostas mentalmente, então mergulhe nos seus instrumentais para encorajar sua própria imaginação. Um bom lugar para começar pode ser algo como a faixa clássica *Jiffy Jam*.

Afinações Alteradas

O aspecto final do estilo de Jerry Reed a ser considerado era a sua disposição para experimentar com as afinações da guitarra para tornar suas ideias possíveis. Os exemplos a seguir requerem algum ajuste na afinação da guitarra e algumas vezes também usam um capotraste.

A afinação drop D requer que você afine a sexta corda para baixo do E para o D. Esta é uma afinação rápida e simples de acessar, apenas toque as cordas E e D juntas e baixe a afinação do E até acertar a afinação do D.

Vamos começar com um padrão de garra em um acorde D7.

Exemplo 9y:

Aqui está uma ideia em um acorde G7. A tônica G não está mais localizada na casa três, pois fica duas casas acima. Embora possa ser inconveniente, há o benefício de permitir que você acesse um D grave (a quinta da G) no baixo.

Exemplo 9z:

Ao ser incorporado em progressões de acordes mais longas você pode chegar perto de como Jerry tocava músicas como *Wabash Cannonball*.

Exemplo 9z1:

É possível usar afinações alteradas em algumas ideias clássicas inspiradas em contraponto. Este exemplo mostra o capotraste na segunda casa para manter a peça em E, mas a distância menor entre os trastes faz a digitação das notas na corda E (durante a pestana) muito mais fácil.

Exemplo 9z2:

Uma afinação não convencional que Jerry Reed utilizou (da grave para a aguda) foi Db, Ab, Db, Gb, C, Eb. Esta é a guitarra inteira afinada em um semitom abaixo, mas com a corda grave mais um tom abaixo e a corda B levantada um semitom para o C.

Por mais complicado que pareça, esta afinação chegou a ser usada em algumas sessões de gravação com o Elvis!

Veja uma ideia simples que apresenta o ajuste acima. Use o polegar na corda seis aberta e o dedo do meio e o anelar nas cordas dois e três. Mantenha o dedo indicador livre, pois Jerry o usaria para construir melodias em cima dessa ideia básica.

Exemplo 9z3:

O dedo indicador é usado agora para tocar algumas notas sincopadas de melodia na corda D.

Exemplo 9z4:

A ideia seguinte é influenciada pelo verso do clássico de Jerry, *Guitar Man*. O dedão toca um padrão simples ascendente e descendente derivado da escala mixolídia de Db, enquanto o dedo do meio e o anelar tocam *double-stops* nas batidas dois, três e no "e" da batida quatro.

Exemplo 9z5:

Quando o dedo indicador é adicionado, todas essas notas sincopadas de preenchimento levam o riff a outro nível.

Exemplo 9z6:

Aqui está um exemplo mais longo que toma o padrão anterior de tocar as cordas através de uma progressão de acordes. Os alongamentos necessários para manter essa linha de baixo podem parecer ridículos. No entanto, o segredo para tocá-los está na posição do braço da guitarra. Levante o braço para que a mão (ou cabeça) da guitarra fique no nível da sua cabeça.

Exemplo 9z7

Outra afinação única que Jerry usou em músicas como *Tupelo Mississippi Flash* e *Alabama Wild Man* foi D, G, C, G, Bb, E. As três cordas mais graves estão afinadas em um tom para baixo e a segunda corda para baixo em um semitom, resultando em uma afinação em C9.

A ideia seguinte toma a técnica do Exemplo 9o e a desenvolve em torno dessa afinação. Como antes, use as direções do toque (ou palhetada) para ajudar a distinguir entre o polegar e o dedo indicador.

Exemplo 9z8

Veja a seguir uma ideia similar baseada na quarta corda (C). Isso se encaixa perfeitamente com o exemplo anterior.

Exemplo 9z9

Este exemplo final toma a mesma ideia de como tocar as cordas, mas explora notas em torno da sexta corda (D) para delinear um novo acorde.

Exemplo 9z10

A coisa mais importante a se fazer é ouvir. Jerry possui uma gama de instrumentais intensos, country tradicional e canções pop suaves. A única forma de apreciar o seu trabalho é ouvir o máximo que você puder.

Capítulo Dez: *Are You from Wishy?*

Agora que investimos nove capítulos desconstruindo a arte do country dedilhado, combinaremos todos os conceitos juntos em um solo mais avançado, *Are You From Wishy?* Ele é tocado na afinação padrão.

Para facilitar o estudo, apresento a música em seções pequenas para que você possa digerir as partes separadamente. A música pode ser tocada como uma peça contínua e está disponível para download.

A primeira seção é uma parte de solo no estilo de Jerry Reed e apresenta *double-stops* e *pull-offs*.

Exemplo 10a:

A primeira parte da música delineia os acordes A e D7. Estes são tocados na quinta casa para acessar a nota melódica B na corda E aguda.

Exemplo 10b:

Essa seção retorna ao acorde A7, alternando entre a tônica A solta, um A tocado na sétima casa da corda D com o primeiro dedo e a corda E solta. A melodia requer *double-stops*, ornamentos e cordas soltas, por isso vá com calma.

Exemplo 10c:

Ao retornar para o acorde A7, uma nota G é mantida na corda D, o que permite que o mindinho alcance uma nota melódica C# na corda E aguda.

Exemplo 10d:

A próxima seção se move para um acorde B7 que precede um acorde E com a corda E solta no baixo. Perceba como a melodia é simples. É simples isoladamente, mas desafiadora quando tocada juntamente com o baixo. Separe as partes usando abafamento no baixo e deixe a melodia soar.

Exemplo 10e:

Ao retornar para o acorde A7, a melodia é tocada em uma aposição mais alta do braço da guitarra. A parte do baixo é um dos voicings mais agudos do Capítulo Cinco.

Exemplo 10f:

Este lick se move para cima no braço da guitarra, para a décima casa, para delinear um acorde D7. Muitas músicas podem ser tocadas ao simplesmente mover este único acorde para cima e para baixo no braço da guitarra.

Exemplo 10g:

A próxima seção delineia os acordes A7 e D7 novamente, mas agora com uma melodia diferente. Por um lado, é recompensador saber que tantas melodias diferentes podem ser encontradas em cada uma dessas posições. Por outro lado, pode ser difícil lembrar-se de todas. Toque cada seção de vagar e aprecie as nuances em cada uma.

Exemplo 10h:

A seção final dessa música se move rapidamente do B7 para o E7 antes de terminar no A7. Isso é tocado entre as casas cinco e nove, usando cordas soltas no baixo para ajudar a delinear os acordes E e A7.

Exemplo 10i:

Não há como se esconder dos desafios desse capítulo. Embora comparativamente mais curto, você pode investir mais tempo nessas ideias. Invista todo o tempo que você precisar para aprender bem esses exercícios, antes de juntá-los em uma música completa.

Conclusão

Com estes exercícios no seu repertório, você deve estar no caminho certo para tocar guitarra country *fingerstyle*. Eu gostaria de lhe oferecer algumas ponderações para ajudá-lo a se concentrar nas coisas que, do meu ponto de vista, mais importam em sua vida como guitarrista.

Tocar bem não tem a ver com velocidade, mas com tocar as pessoas. Às vezes, tocar as pessoas pode requerer que você toque com rapidez (talvez para transmitir entusiasmo), no entanto, o tom é sempre o rei. Ouça as notas tocadas e como cada uma delas soa. Compare a projeção ouvida de guitarristas ciganos, ou tocando levemente com a ponta da palheta. Imagine uma melodia sendo tocada com cada uma dessas abordagens e quando você pode usar uma em vez da outra.

Timing é incrivelmente importante. Assim como tocar junto com as faixas de áudio. Use um metrônomo e treine seu pé para marcar o tempo. O pé bate no ritmo do clique e você *toca* o pé. Você não está tentando treinar para bater o pé ao ritmo do que você está tocando; o pulso é a alma da música e seu pé lhe diz onde ele está.

Aqui está uma lista de músicas sugeridas dos meus músicos favoritos do country. É importante ouvir música country o máximo possível, porque você deve entender a herança que foi transmitida de guitarrista para guitarrista, que inclusive criou gêneros completamente diferentes.

Buster B Jones – A Decade of Buster B. Jones

Brent Mason – Hot Wired

Chet Atkins – The Essential Chet Atkins

Doyle Dykes – Virtuoso Fingerstyle Guitar

Jerry Reed – The Unbelievable Guitar and Voice of Jerry Reed

Marcel Dadi – La Guitare a Dadi

Merle Travis – Sixteen Tons

Scotty Anderson – Triple Stop

Tommy Emmanuel – Endless Road

Richard Smith – Slim Pickin'

Martin Tallstrom – Acoustics

Blind Blake – The Legendary Blind Blake

Existem muitos guitarristas que usam as técnicas de country com mais moderação e são igualmente importantes de estudar. Explore para ver quem você consegue encontrar, mas confira:

Andy Mckee

Brian Setzer

Carl Verheyen

Eric Roche

Danny Gatton

Joey Landreth

Brad Paisley

Johnny Hiland

Muitas vidas poderiam ser usadas aprendendo guitarra country *fingerstyle* e espero que ela o motive tanto quanto me motiva. Se você tiver metade da alegria que eu tive escrevendo este livro, tudo valeu a pena.

Boa sorte!

www.ingramcontent.com/pod-product-compliance
Lightning Source LLC
Chambersburg PA
CBHW081430090426
42740CB00017B/3256